JOSÍADA

(a buceta)

JOSIADA

Tobias, o Justo

JOSÍADA

*Épico psicodélico em
três cantos de rima
abestagliatta*

Psicografado por E. T. Simantob

Com ilustrações de
Paulo Augusto Arena e Claudio Wakahara

Copyright © 2013 Eduardo Simantob

Grafia intencionalmente NÃO atualizada segundo o Acordo Ortográfico da Língua Portuguesa de 1990, que entrou em vigor no Brasil em 2009.

Publishers: Joana Monteleone/Haroldo Ceravolo Sereza/Roberto Cosso
Edição: Joana Monteleone
Editor assistente: Vitor Rodrigo Donofrio Arruda
Projeto gráfico e capa: Eduardo Foresti
Diagramação: Gabriela Cavallari
Ilustrações: Paulo Augusto Arena/Claudio Wakahara

CIP-BRASIL. CATALOGAÇÃO-NA-FONTE
SINDICATO NACIONAL DOS EDITORES DE LIVROS, RJ

T556j

Simantob, E. T.
JOSÍADA
Ilustrações de Paulo Augusto Arena e Claudio Wakahara.
São Paulo: Alameda, 2013.
120 p. il.

ISBN 978-85-7939-174-3

1. Tobias, o Justo (Personagem fictício) 2. Poesia brasileira 3. Ficção brasileira. I. Título.

13-0945.   CDD: 869.91
                  CDU: 821.134.(81)-1

                      042785

ALAMEDA CASA EDITORIAL
Rua Conselheiro Ramalho, 694 – Bela Vista
CEP 01325-000 – São Paulo, SP
Tel. (11) 3012-2400
www.alamedaeditorial.com.br

DEDICATÓRIA DE TOBIAS

Ó Ninfas,
Tantas Ninfas,
Nefastas beldades que neste jardim de delícias
tantalizam minh'alma tranqüila,
tantralizam meu pensamento tão avoado quão rosas
sofreguejando-se em saciar meus mais virtuosos desejos,

À vós, voláteis e translúcidas amigas,
que em véus coloridos
brincam de ocultar
e descobrir vossas virtudes,
À vós eu brindo !
Pois só em vós gozo
e regozijo-me
lambiscando vossa luxúria,

(Ó grata e prazerosa servidão)
E é somente a vós que dedico
essas tão preciosas como infames divagações
lapidadas em volta dos desejos de todo Homem,

E os desejos de todo Homem, mesmo que nem de todos,
cria idéias como formas,
sensações e mesmo símbolos,
mas sempre aludindo
ao vosso Segredo, ó Ninfas tantas,
tantalizantes, tantralinfas,

Aludindo à suma dádiva
ao vosso Amor correspondida
e em abundância oferecida,
ao bico do mais rico seio da mais doce mãe desconhecida,
a Primeva,
a que gerou o primeiro ventre que envelopa a Vida,

Aludindo à caverna do Mistério último
que levou a primeira Verga,
o Primadão,
a girar o ventre da Primeva pra gerar a Primeira Cria
onde Ela nasce e onde Ela termina.

E o desejo de todo Homem que é o vosso Segredo
(((((((((reverbera pelo túnel do mais
aconchegante recheio)))))))))
(((((((((a banhar,
aliviar,)))))))
(((((((refrescar e
conceber))))))
as nossas almas tão ímpias e viscosas
do barro orgânico em que chafurda a Humanidade,
Ó Homens,

Irmãos......
... ora pois,

Vos agradeço o aconchego, ó Tantralinfas,
e de fato me deleito co'a vista cá de cima,
cá do alto do Planalto,
um vale cinza,
outrora verde,
e que sem som
não tem mais cor,
e por isso então eu peço
vossa atenção particular,
o vosso ouvir e o vosso olhar,
ao que venho a vos cantar
embalado ao doce rodopio
da barrufa que marofais!

Canto Primeiro

INTROITUS

I
O VARÃO JOSIAS

Voilà a história do mais valoroso dos varões
que já ousaram invadir o vácuo atemporal
onde se esconde o desejo abismal
sublimado em torrentes de sonhos perdidos,

Saiu tal varão não em busca de tesouros,
corações ou até mentes,
mas sim ao
ponto mais extremo onde o Orgasmo Cósmico
partilha seu inesgotável Amor Supraparamental
entre cada grão de poeira do Universo Fúlgido.

Tal varão é Josias.

Incontáveis foram os que sentiram a carne rasgada
pelo implacável rugir da sua espada,
Inumeráveis as escravas servas esposas concubinas
contorcidas e perdidas em delírios,
ensandecidas exaurindo-se em suas carícias,
Vários os bravos que o acompanharam em coragem,
fascinados por suas argúcia e perícia sem par,

Admirável guerreiro,
enfrentou a fúria da Cidade da Luz Purpúrea,
onde o fogo fervia o ferro,
e o ferro fervia o sangue,
e onde enfim, com o sangue fervendo,
botou pra foder.

Fodeu todos os homens mulheres e crianças,
as casas os totens e as torres,
besuntou-se lambuzando-se em orgias sodômicas
e cansou-se.

Retirou-se do mundo dos homens cerrando-se algures
a desfrutar de sua glória em divino repouso,
e lá se quedou com seus bichos e servas
a comer e beber,
entregue à volúpia de suas prediletas.

Qualquer um
(insigne ou miserável em espírito)
poderia vir dizer ser
este o paraíso todo mortal anseia almejar
em sua mais do que breve estada na Terra,

No entanto Josias não conseguia,
por mais que tentasse,
desvencilhar-se de algo impalpável
importunando seus pensamentos,
uma sede angustiante a queimar-lhe a mente e as tripas,

Destilava o malte e o centeio,
Fermentava a cevada e as nobres vinhas de suas terras,
dos cereais extraindo seus mais puros sumos,
E atirava-se ímpio em cálices transbordantes
oferecendo hecatombes a quaisquer deuses
que concedessem a honra de vir cotejar suas reses,
sempre abundantes,
e os bufês de salada gigantes,
e que lhes tocasse a generosa ante tamanho desespero;
mas as honrarias caíam em ouvidos moucos,
dos céus nem sequer trovão ribombava dos ventos,
e o silêncio pra ressaca era pior que chá de coentro.

II
ROXANA PROFUNDA

Mas assim foi que certa noite
debatia-se Josias em sono profundo,
como se uma horda de baratas (voadoras) o atacasse,
Numa onírica pastagem dobrava-se o guerreiro ante
fustigante ventania que lhe flagelava o corpo inteiro,

Mas então...
ao lançar seu olhar rumo ao indecifrável horizonte,
visualizou a figura de uma formosa dama caminhando impassível em meio
ao turbilhão de ares malditos vestida numa alvíssima túnica tão esvoaçante
quanto seus compridos e lisos cabelos negros que em chispas ocultavam o
enigmático olhar a lançar ao léu uma profusão de brilhos coloridos que iluminavam, tal qual milhões de diamantes expostos à luz divina,
sua trilha provinda do Infinito.

A dama flutuou em sua direção e,
descobrindo seus olhos do véu de seus cabelos,
encarou Josias até o fundo de sua alma,
triste alma
(tristíssima)
e assim disse:

– Ó bravo guerreiro !
Por que razão ficas a se expor à fúria
dessas pastagens condenadas ?

– Ó dama de formosa beleza,
deusa ou rainha,
bradou o varão,
Se ao menos soubesse eu
a sentença desse castigo que aqui peno,
dar-me-ia por um homem menos triste,
No entanto uma força inexplicável
leva-me a tal estado de angústia
que riqueza ou virtude quaisquer me confortam !

– Ó varão!, retorquiu-lhe a dama,
De que vale tamanho sofrer que não se transforme em gozoso prazer?
Por que tu te desperdiças tão em vão em jogos de matar e morrer?
Essa luta é sem trégua, sem prêmio, é só prenda,
É morrer sem haver vivido, amar sem ter comido,
Uma existência de viver desarrumado, desarmado,
desejoso de ter morrido,

A dama pausou, olhou estranho,
O tempo que basta para um sonho contemplar
as paredes de dentro do crânio,
e prosseguiu:

– Não me conheces, mas deverias,
conheço teus feitos e alfarrabias,
confortei tua consciência de todas tuas vítimas,
colei de volta tuas irreparáveis avarias, e
recortei toda memória inglória das tuas orgias,

"Roxana me chamo, Senhora
dos continentes distantes da mente,
das trevas de nervos inconscientes,
e te disponho toda minha luz opaca
para revelar a fonte da tua desgraça!

– Então eu lhe imploro,
Ó Roxana de profundos olhos,
diga-me onde se encontra esse segredo maldito
cuja ausência me dilacera o espírito!

De feita, Roxana de profundos olhos
desfez os ventos atrozes e, em vagas eólias,
pincelou nos céus o Vácuo da Grande Buceta,
                projeção aérea e etérea do
                buraconegro viscoso que
                brota da embocadura oca a
                atrair a semente que vaga a
                poeira e semeia a recriancia
                neste vão prenhe de coisa.

E assim disse Roxana,
De profundissssssima:

– Ó varão !
Esta prodigiosa Buceta que para ti pisca
encerra em si todo o segredo da Vida,
das vidas mortais e das vidas vividas,
e mais ainda, o segredo da revivida,
da vida que cruza, cria e recria,
que concede, concebe e dá de beber.

"É bem lá pra dentro dela que deves te lançar
com toda a coragem e pureza de espírito,
pois é em algum recôndito escondido
no meio deste caldo intempestivo
que se encontra a chave do teu mal estar!

Um oceano de marés instáveis ressacava
o abismo envolto pelos lábios litorâneos
contornando a projeção da Grande Bucetérea,
Marés traiçoeiras, imprevisíveis e frigideiras,
alternando amorosias, temporais e calmarias,
anunciavam a Josias os perigos e armadilhas
de sua ambição reprodutiva,

– Esteja alerta!, lhe avisou por fim a tia.

Esgotadas suas palavras,
Roxana de súbito desvaneceu no ar
em meio à volátil espiral de sua túnica
reenrolando-se nos seus longos cabelos,
suas pontas despedindo-se esvoaçantes
pelo semblante de Josias saindo do sonhar,

O varão levantou-se do leito sem que
despertasse a ninfa que jazia em seu peito,
e enxugou uma garrafa de vinho mirando
o despontar da aurora de róseos dedos,

Permaneceu nesse estado de delírios despertos,
para desespero das servas e desconforto dos bichos,
sem que a ninguém desembuchasse palavra
por dias e noites de deambulações abstratas,

Mas eis que ao alvorecer do enésimo dia,
Josias desembesta, e vai conclamar os seus
a uma hecatombe de suas reses mais nobres,
um portentoso churrascão de frente pra praia,
Invoca então uma libação aos deuses presentes,
e, sem entrementes, proclama à toda restalha:

– Meus queridos,
imensa é a dor que me corrói
por ter que deixá-los tão sóis,
Minha existência tornou-se uma banheira de sais,
As ambições materiais, as atrações sensuais,
Alimentam apenas laricas carnais,
E eu quero mais, muito mais!

A turba se entreolhava atarantada,
!!!!!!!!!!!!!!!!!!, bradaram os afoitos, a carne à mezzodente dilacerada,
??????????????, indagaram os retardatários, a carne da goela à entrada,
?!?!?!?!?!?!?!?!, clamaram os mais perdidos, a carne à golão engolida,

– Meus queridos,
O fato é que fartei-me dessa farofa, deste estupreio
bucólico que só consome e não concebe, e
onde tenho só me lambuzado,
falou e disse o varão,
Vou bater perna por essa buceta de mundão
e procurar o buraco que encaixe meu violão,
Não levo nada, mas vos deixo só a tralha,
O que sobrar do nosso ócio é todo vosso,
E façam o que quiserem da minha memória!
(e cada convidado levou um pedaço)

E partiu ao fim da balada,
munido de víveres, armas e vinho,
zarpando calado na calada
da aurora de silêncios só ouvindo
os ecos da Buceta de Roxana
chamando de longe para encarar o Infinito.

III
SMEGMASURF

Qual Homem, Rei ou Deus que,
quando entregue à solidão do mar ou do deserto
não se aflige ao ver seus pensamentos
numa incessante roda fugidia,
O vento que resseca a carne
roletando as lembranças,
desmanchando-as como o olvido
nas fachadas de cenários em ruínas,

Os dias se sucediam,
e a maresia do Smegma que abundava por todos os lados
invadia com seu perfume o íntimo do guerreiro,
Todos os seus feitos eram já tão reais quanto seus sonhos,
Todos os seus sonhos liquidificados nas cores do horizonte,

Pelo Caldo singrava Josias,
o doce vinho encorajando-o
a enfrentar
o amargo Destino,
a angústia destilada de um gozo coibido,

Singrava calmamente por entre ondas reluzentes
debatendo-se nos pilares dos templos alinhados
por imensas distâncias,
majestosos como enormes naves flutuantes
a conduzir pelo Caldo imortais conquistadores,

Construções absurdas,
apoiadas em alicerces de sonho,
erigidas segundo as inomináveis vontades das sereias
que abundam canticantantes pelo oceano de Smegma
brincando de montar e desmontar os seus desejos
em pilares e colunas interpostos, boiando no mar,

Ao contemplar suas formas e curvas,
plácidas mostravam-se as tais sereias
entoando harpiosas melodias sibilantes,

Porém,
Ao zoomir seu olhar num close-api de suas faces,
passando por suas moradas de pedra onírica ou
cruzando-as ao emergir de suas cabeças para logo
erguerem a cauda mergulhando em cambalhotas,
Via Josias expressões serenas e indiferentes,
como que se resguardando de um misterioso temor
a constranger a graça de viver de nadar livremente,

A abertura da Buceta aos poucos sumia,
Josias seguia a corrente contrária à do dia,
rumo ao fundo do escuro donde irradiava a lua
que tingia de luz negra o brilho da armadura,
desfocando o olhar embargado pelo vinho
a duplicar as paragens rodando nas brumas,
O brilho das pedras à luz da lua de viés
cortando em prismas as ondas de través,

As ondas murmurantes
mumunhavam melodias soltas
soltas melodias saltadoras
emaranhando as melodias todas
multimeladas em marolas
misturando-se umas às outras,

Chocavam-se em ecos reverberantes
verberantes berrantes verbérios
pelo meio dos tubos vibrantes
cantantes soprando vil ventos
ao lauto volume de suas alturas,
alvos vapores elevando lonjuras,
erigindo vagas armadas, rebuçosas,
Ondas cabulosas abocanhando as
carcomidas fissuras da colcha do mar,

Explodem em jatos e sprays, para logo
se esfumaçarem em tufos de líquido pó
bailando piruetas ao sopros das sereias
em coro ecoando cantantes os cânticos
que atiçam os trovões anunciando mais
um ciclo se fechando e outro a começar,

Agarrado à última prancha de sua nau
pelo furor caldal
destruída,
aguentava-se Josias às investidas das vagas traiçoeiras,
                    até que
                (tchá-ram):
ao encurralar fatídico das muralhas em bote,
saltou para cima da prancha restante e dropou
a deslizar o corredor espiral das tubúlicas ondas
de fluidas paredes vibrando à fúria dos rodopios,

Serpenteava Josias as marés enraivecidas
cortando com sua espada as sereias encantadas
agora transformadas em aladas tubaroas,
O sangue ácido jorrado dos monstros degolados
impingindo em sua carne rasgos atrozes,
cavando na pele profunda purpúreas equimoses,

Não tardou e viu-se engolido na corrente feroz
que a Vaga Suprema,
Swell escabroso, sugava
a alimentar sua majestade,

Engolfado no turbilhão enfurecido pelo qual
escorregava, esperava a hora exata em que a
Glútea Esfaimada tombasse em torrentes,
regurgitando toda a massa que abarcava,

Ao toque ensandecido do fluir que lhe rugia a
ameaça do estrondo a lhe findar a existência,
embicou Josias sua prancha ao alto,
                                    alçando vôo,
                                    cuspido ao largo,
impelido pela força inconcebível de um jorro suntuoso,
embarcando o varão num vão desvio,
como um deus a planar sua leveza
por cima da fúria do Smegma no cio[1].

---

[1] "No fim de todo Tubo vem o Caldo."
(Ricky Contreras, Ponta Norte, Califórnia), N. do E.

IV
CLAUSURA DE SONHOS

Homem algum logrou jamais narrar em reles palavras
os devaneios sinestésicos que perpassam o espírito
quando mergulhado no indizível estado anestesiado,
desmaiado, no meio do caminho entre o Ser e o Nada,

Ao despertar sua mente esgazeada, Josias de nada
se lembrava e muito menos compreendia por que
jazia no pátio imenso de um templo abobadado
com uma formosa figura resplandecendo donzela
a tratar seus ferimentos com mãos de madrepérola
canticantando aos sussurros assovios de veludo,

A dama achegou-se dobrando-se em flor,
seus dedos como pétalas polindo o rosto
amarrotado do pálido convalescente, e
pôs-se a falar com aquela voz, a musica
que como sorvete (de uva) o varão degustava,

– Ó pobre animal, sombra débil de guerreiro,
mula bípede idiotífica, perneta de surfeiro,
Mas que besta desmiolada, estupidificada,
fez da tua boa consciência insana demência
em ousar enfrentar tal menstrual tormenta?

Os elogios à sua destreza, nosso herói pouca
conta dava, o que porém lhe incomodava era
não conseguir formular nem de longe o nome
com que sua carcaça de pequeno fora batizada,

Balbuciou, babou, tentou de novo, grunhiu,
Tentou balbuciar, babou de novo, gaguejou,
Ag-ga-gradeceu por ter sido salvo e bem cuidado,
e perg-guntou à g-graciosa qual seria a sua g-graça,

– Somos as filhas prediletas do Grande Babboo,
o Pai de todos, Alfababuíno da Rosca Purpúrea
que reina inconteste, soberano em Babael,

A dama prosseguia, declamando devota:

– Somos as musas enclausuradas do Grande Caldo,
vítimas da própria beleza irresistível, condenadas
em prol da saúde dos vulneráveis irresistentes e
pelo ciúme de nosso Pai da pernícia dos demais,

– Somos assim deixadas livres na clausura,
brincando com castelos e pátios e templos,
as figuras dos nossos reprimidos desejos,
e para sempre escravas do gozo de outrem,
A luz ofuscante de nossas virtudes,
tal qual ataúdes,
encerradas em profundos espelhos,
Mas eu pessoalmente me chamo Shirley Lorelei.

– Mucho gusto, gostosas musas,
Muito prazer, ó Shirley Lorelei,
Vós pareceis agora tão belas, mal
acredito que há pouco éreis um
cardume de esfomeadas tubaroas,
Mas que poder de camaleoa vos
transforma de musas em feras?
            (e vice-versa)?

Shirley Lorelei sorriu, assoviou cantado,
Seus dentes saltaram, caninos armados,
Fazendo troça, gozando do varão cujos
temores a ela só cócegas provocavam,

Estendendo seu braço roçando a orla do mar
Indicou com a mão balançante às marolas de
Smegma as marés que vibravam aos humores
exalados lá do fundo da fonte das falópias,

As ondas eram ora calmas, e serena brilhava
a musa sereia aos raios diáfanos dum sol tão
distante, embalando o olhar de Josias plácido
no conforto da musica pelas musas entoada.

V
O RAPTO DAS MUSAS

Do guerreiro fechavam-se as feridas, mas
as cicatrizes pelo corpo eram tamanhas
que formavam imagens tais quais tatuagens,
evocando lembranças de antigas campanhas,

Sabia novamente que se chamava Josias
e que de formação sempre fora soldado,
mas o conforto pelas musas oferecido
não era capaz de calar em seus sonhos
a espada ofegante, o metal forjado, os
jorros sangrentos de corpos mutilados,

Shirley Lorelei, Kelly Cristina, Greicy Mara,
e várias tantas outras musas se ocupavam em
turnos a brincar com aquele exótico mascote
que a maré do Smegma lhes presenteara,

Josias não se incomodava, exceto quando o
umbigo lhe tocavam, único pedaço do corpo
que, tal qual calcanhar, heróis em maricones
transformava; mas fora isso, se esbaldava,

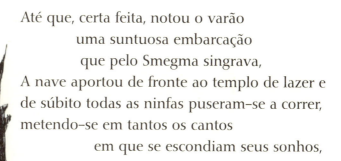

Até que, certa feita, notou o varão
    uma suntuosa embarcação
      que pelo Smegma singrava,
A nave aportou de fronte ao templo de lazer e
de súbito todas as ninfas puseram-se a correr,
metendo-se em tantos os cantos
      em que se escondiam seus sonhos,

Imaginou Josias ser isso uma nova espécie de jogo,
  pega-pega ou esconde-esconde, azaração de corredor,
  pegação na escuridão, ciranda de amassanhaço ou
  chupação de cabra-cega; mas não, broder, se tocou
    Josias ao atentar uma vez mais ao templo esvaziado,

Percebeu que da embarcação recém ancorada
  um grupo de soldados armados desembarcava,
    Invadiram os pátios bradando jargões de comando,
  caçando as musas com grilhões, correntes e redes,
  espancando-as com leques de plumas para apenas
  calá-las, poupando suas tenras carnes marinadas,

De imediato, como que por instinto, por mais que endiabrado,
Saltou-lhe às têmporas o chiválrico nobre sangue cavalheiresco
impulsionando-lhe os nervos a desembainhar a espada espúrea,

Surpreendidos ante a inesperada investida daquela aberração,
endiabrada, Josias, o próprio, nosso herói, varão irado,
recuaram os soldados formando desajeitada barricada,
e ao comando de uma ordem gutural às suas armas,
dispararam suas granadas a explodir pedras,
estilhaços, meteoritos envoltos em fumaça,
tombando por fim um Josias embasbacado
a contemplar o chão indo de encontro à sua cara.

VI
RHÉIO RAUÍLSON

Mais uma vez a anestesia, dessa vez sem qualquer sinestesia,
Josias não tinha la mais puta ideia de quem era ou que fazia,
Mas como concebia que de nada mais sabia, intuía
que de alguma forma ele ainda existia,
sua mente já conseguia captar luzes e cores e ondas sonoras
vagando a vibrar no vazio da cachola,
Sentia até um perfume acreverde de mágicas flores
até perceber-se envolto num manto,
suspenso no ar,

Mãos femininas, delicadas mas firmes,
erguiam de Josias a carcaça inerte aos céus,
passando-o uma a uma movendo-se conjuntas
ao passo de goticocantos entoados como lamúrias;

Transportado por uma centopédica corrente de sereias
como um iguipópi mergulhado na platéia, via-se Josias
planando por cima do Smegma rumo a uma miragem
que aos poucos se descobria ser de fato uma margem
segura, expondo da Buceta seu topográfico horizonte,

Largado jogado na orla do Caldo, observou o guerreiro
as sereias s'escafedendo, submergindo cabeças e caudas,
suas rabas balançantes fazendo as honras de despedida
sem saber se diziam adeus, até logo ou até a outra vida,

Entre o corpo inerte meditabundo do guerreiro e o vão
de céu transluzente do intróito apertado da Grande Mãe
fechava-se um enorme vácuo de Nada varando o espaço
de súbito cortado pela figura de um horrorendo gigante,

Em pânico concluiu Josias ser tal animal
a encarnação final da sua própria morte,
um sorriso sarcástico rasgando-lhe o fígado
(pois morria de medo de morrer de cirrose),

Mas não era bicho nem remédio amargo,
era só um rhéio:
"Rhéio Rauílson, nicetomeetyouilson!"
"Josias, jovizinho, howdoyoudulson?"
O rhéio sorriu, assoprou o doodjeridoolson,
Falavam a mesma língua, Josias relaxouson,
O rhéio era um gentleman, se apresentouson,
E o que contouson soou mais ou menos assim:

Rhéio Rauílson é um velho macacovéio
daqueles que nunca pisa em galho seco,
Velhaco calejado, sabe bem que jacaré,
quando marca, vira bolsa,
e que chapéu de trouxa
é marreta;
Diz-se também que
ele anda por tudo que é canto
e conhece tudo que é rota pois
já fez tudo que é tipo de treta,

Como todo rhéio, Rauílson não tinha
mais registro que contasse sua velhice,
já do porquê do patronímico Rauílson,
se dizia porque de Raul era filho dileto
porém criado lá nas terras dos Uílsons,

Regalam as musas ao Rhéio oferendas extemporâneas
em homenagem ao poder contemplador do seu trilhar,
O viajante que em si encerra as ilusões mais desejosas,
fogosas, ardentes, daquelas damas viciadas em sonhar,

E desta vez de oferenda ofereceram as sereias nada mais
que um hominídeo estapafúrdio, deslocado, sem noção,
Mas, apesar duma careta, estudou o Rhéio seu presente
sem toma-lo de antemão como alguma ultrajante desfeita,

– Putaqueopariuson, Sacrossânto Cacete da Porra Pingante,
que badulaque infame trazem-me essas virgens vagabundas
dessa vez? Para que serves, se é que prestas, que caralho
podes neste deserto de buceta contribuir ao bem comum?

– Ó Rauílson, rhéio ilustre,
sou soldado, sou solteiro,
voluntário do desejo de
servir semente adentro,
entretanto eu tento e tento
tomar o rumo da minha rota,
mas bússola alguma funciona
nas ondas cruzadas dessa xota,

"Poderias porventura ser meu guia
nesse deserto que a vista desatina?
Posso em troca servir tua caravana,
tenho manha de elétrica e mecânica,
e como referencia, trago recomendação
de quem me impele a esse perrengue
assinada pela deusa da graça de Roxana,

– Ai, Hominho, disse o rhéio, tu tá te achando, não?
Vais precisar de muito mais que mão na graxa pra
penetrar bucetadentro sem virar chá de meiabosta,
Isso aqui é o deserto de miragem onde perecem
precoces dos invasores os prepúcios mais afoitos,

"Isso aqui são os desvios tortuosos
da Xanaquengana, vitral enganoso
onde o mundo não é como parece,
e só vendo através das aparescência
é que se desvenda como de fato é,

"Tu tens noção donde foi que te meteste?
Foste ousado porém nada esperto, e ainda
correste o risco de naufragar tua busca na
sopa fervente de que se servem as musas,

"Não o sabes, meu caro, te julgas bravo
mas teu único valor aqui é o teu sabor,
e que musa não poria a chão sua vaidade
para saciar o desejo de te comer inteiro
                    (em três metades)?

"Convenhamos, entre nós, ó Josilson,
atiraste-te ao Caldo bem mal provilson,
perdeste a cabeça com o encanto baboso
de musas e sereias, noviças suspirentas,
recatadas aos limites de meras belezas,
e de um banquete capricholson quase
foste servido como a estrela da ceia,

Josias via enfim o real que não é,
delírios, viagens,
Pois sim:
a Grande Buceta, úmida e calorosa, entrepernas
escondia a arapuca que entredentes triturá-lo-ia,
nosso herói então se tocou, vacilar não mais podia:
– E aí, meu rhéio, tu topas me guiar ou vais arregar?

– Ah vou, vacilo não, te guio sim, volontieri,
Prazer é todo meu em te ensinar como nessa
Buceta se roda com a cabeça a ginga esperta,
pois só o brandir da tua consciência, mizinfio,
é que é a espada que te liberta!

VII
PELA XANAQUENGANA

Depois de muita andança, pararam.
O Rhéio ordenou Josias então que
lhe trouxesse do deserto uma caça.

– Que tipo de caça?, indagou Josias,
– Ora, cace uma caça, caçarolas!
e calou-se.

Partiu Josias encarar sozinho a Xanaquengana, e por lá
perambulou em preâmbulos sem avistar presa alguma,
O tempo passava, o vento passava, até pedras rolavam,
nem a areia ficava no mesmo lugar, teve até chuva,
mas nem um cazzo de caça passeava ali de graça,

Suas forças esgotando-se, em jejum definhando,
carente de açúcares e enzimas, seu cérebro de
pensar desistia, até observar certa hora Josias
que aquele bege que tudo era,
nem só de bege se tingia,

Havia pontos azulados, tons e matizes granulados,
grãos de prata, poeiras de platina, sais, sedimentos
variados, zoando a vista a ziguezaguear as pupilas,
derrapando em geologias espalhadas pela planície,

Girando o olhar, deparou-se com uma risada,
e não era um ser ou ente que já houvera visto,
mas somente um sorriso besta pairando no ar,

Tentou agarrá-lo, mas o sorriso pôs-se a gargalhar
sumindo na própria risada, e aparecia novamente
por trás de Josias lhe pondo cornos atrás da cabeça
e regargalhava ressumindo mais uma infame vez,

Josias era um mentecapto, mas nada inepto,
Antes que o sorriso besta acabasse a troça
seguinte, catapultou Josias seu braço num
punhetaço atingindo em cheio a dentaria,

O sorriso avariado materializou-se num cacto,
Ou melhor, num cacto com pernas e braços de
lagarto, deitado despojado sobre um cogumelo
fumando duma pipa uma doce gosma resinada,

Josias encarou-o estranhando, algo era familiar,
parecia-lhe que já outrora o havia encontrado
ou dele de alguma forma já havia ouvido falar,

O lagartacto ficou parado ali fumando, fazendo
de conta como se Josias não existisse, e o varão
tentou um jeito de se comunicar, fez reverência,
meneou a cabeça, falou salamaleque e um "olá",

O lagartacto só fumava, e vez ou outra escarrava,
Puxando da pipa transparente a brasa acesa fumo
acima desenhava formas girando no ar, hieróglifos
móveis traduzindo em fumaça as pensatas do animal,

A voz, o tom lembrou Josias quem essa figura lhe evocava:
Uma menina que outrora cruzara numa cidade onde fogo atara,
após por Josias ter sido violada, contou-lhe várias histórias
de suas andanças em terras absurdas, e entre elas narrara uma,
assaz engraçada, de um lagarto marofão q'um cogumelo habitava
e que não era muito chegado em prosear com quem não barrufava,

Josias acendeu um camelo e esfumaçou em pergunta
se o lagartacto duma moça assim assado se lembrava,
O bicho tentava reanimar seu narguilé, "meninas...",
tragava, expirava, "gosto muito de meninas...", brasa
encendida, puxou fundo, segurava, "é possível que eu
a tenha cruzado, sim", segurou até tossir, "mas é capaz
que eu dela nada saiba", e calou o círculo de fumaça,

Josias fumou, assentiu, queimou o rabo do camelo
e mudou de assunto, "saberias me dizer se existe,
por acaso, alguma caça por esses secos prados?"

"Caça...", inalou longa tragada, engoliu e assumiu,
"Caça por aqui era bem abundante...", baforadas,
"... quando tinha quem caçasse..."

"Ou então", desesperou Josias tossindo pacaraglio,
"não haveria todavia qualquer animal, vegetal ou
até mesmo uma pedra sagrada?", e cuspiu o catarro,

"As plantas gostam da água", puxou chama alta,
o cacto de lagarto era dragão, "e pedras são todas
sagradas pois permitem o pisar", e a pipa apagou,
"mas animal, que eu veja, não tem outro que só tu",

Josias não tinha mais camelo pra queimar,
e de paciência também já estava esvaziado,
Olhou pro dragão lagarteando e proferiu só
um gesto de enfado, fez que ia e que não ia,
deu uma, duas, três voltas em volta do cogú,
olhou para cima, a terra ardia, e fez que não
queria nada da vida,
até que num supetão
desferiu o golpe agarrando pela goela o lagartão,

– Eureca, eis a caça, cacilda!

De dragão o lagarto agora era só um cacto,
Mas o cacto falava (e quando cacto fala,
é bom ouvir o que os espinhos calam),

– Sei que minha hora é vinda,
e que não terás misericórdia,
mas não ouse confundir minha
rosca com farinha de mandioca!

Ante a ameaça, Josias não se amedrontou
(nem um pouquinho),
porém, por cautela,
foi retornar ao Rhéio
que então lhe diria como proceder deveria
(rosca ou mandioca?)

À tenda do Rhéio,
quando lá chegou Josias,
nem mais uma estaca restando se via,
todos tinham partido, sumido, s'escafedido,
e só uma mula pastando folgada sobrando havia,

Seco de sede,
Buscou Josias água do poço para um chá,
mas para tanto nenhum tipo de erva tinha,
Inquiriu então o cacto petulante
e, na falta de erva,
infundiu o infeliz.
Da chaleira saiu uma gosma verdeazeda,
mas Josias era macho pacaraglio e
engoliu a xepa toda sem apelar pra menta.

VIII
OS PORTAIS DA LISERGIA
(Ao Dorso da Mula Errática)

Aí então a sede já era.
Primeiro foram os ângulos retos que entortaram,
depois foi a areia que virou tangerina e os ventos
que cantavam dirigindo o balé no céu de estrelas,

Josias pôs-se a dançar com elas, depois sem elas,
estendendo seu corpo por toda a Xanaquengana,
– Iiiiiiihhhhh, o hómi tá dôdjo,
piaram os pajaritos, revoando,

Afundou-se Josias na lava disforme
cuspida de carrancudas montanhas,
Reuniu-se com árvores flamejantes
inquirindo-as dos mistérios do Ser
e do Porquê que a gente só se fode,
Brindou às bodas da Mãe Natureza
com outros convivas, pedras e ecos,
Desacreditou quando viu perene
o Castelo do Eterno,
contemplando-o em jejum solene,
e por fim batizou-se
no mar cheio de flores
acariciando a cara pétalas
sorrindo perfumes e cores,

Acordou certa hora o varão de seu bode
Com um bafo quente soprando nas oreia,
aparvalhado assustou-se ao encarar cuma
mula quorgulhosa ruminava umas aveia
(mula rumina?),
e o calor tava foda.

A mulinha tava carregada,
Cactis, cogs, erbis, frutis,
pra cozer, secar, e moer,
na cerva ou no suco diluir
e entuchar tudo pra baixo,
buchada de mula psicodélia,
cortesia do Rhéio maquiavéio,

Do lado da mulinha tinha uma porta,
tinha uma porta do lado da mulinha,
mas era porta barata, de compensado,
que ligava o nada para lugar nenhum,
Mas nada é como parece ser, o que é
só se vê atravessando o que só se vê,
não é não, meu Rhéio?, orou o varão,
e esperto assim, Josias nem pestanejou,
montou na mula, se acomodou na sela e
disparou, escancarando portais e pregas,

Mulambou em cavalgada pelas trilhas do Infinito
rasgando rasante pelas aberturas do Minúsculo
para galáxias onde imagens do Nada Abyssoluto
reverberavam pelos ecos do Destino, até àpoteose
febril do fim do arco-íris da Lisergia onde divinava
o Oráculo que enfim lhe revelaria o Sentido da Vida,

E o Oráculo, era assim que se lia:

WELCOME THE CHANGES OF THE SOMEWHERE

IX
O BUSO DO DESTINO

Josias fingiu que entendia até não conseguir fingir mais,
Ousou girar o olhar pra mulinha que não olhava pra nada,
só pastava, olhou então pros céus, suplicando uma luz,
mas às suas costas a mula urrou "mira abajo, seu burro",

Pois pra cima de fato o chão sumia, chegaram ao pico,
até mesmo uma placa ali indicava que se tratava do
Alto do Monte de Vênus, camarote de mirante dando
pra baixo e pra diante, pra detrás do Oráculo que luzia,

E por detrás do que só parecia havia ainda mais oráculos
reluzindo, outdoors coloridos, pulsantes e convincentes,
invadindo os sentidos e inoculando os pensamentos com
vírus de cobiça, vícios de consumo e paúras de escassez,

E por detrás ainda da cortina de cartazes holográficos e da
floresta de mensagens e mentiras, o morro descia escarpado
numa serra de outros montes repuxando a depressão que
carregava multidões, muvucas de esperminídeos aluviados
como gado para o fundão do Falopião, caldeirão fervente
na miragem do horizonte, pólo primal e final da Criação,

– Isso aí é Babael, jóvi Josilson,
pronde levam todos os corrimentos e descaminhos,
disse reaparecelson Rauílson,

"Coração da Buceta, cofreforte da fecundância,
objetivo e meta das sementes mais nobres e
das mais abjetas, imã de amantes desavisados
e de toda macheza metida à besta na recriancia,
Ou por acaso pensavas que era só tu que tinha
precedência nessa ampla e generosa bucetância?

"Daqui em diante tu segues sozinho, Josilson,
tua cabeça tá feita, mesmo ainda faltando tanta
coisa pra aprender, mas o que vier pela frente
é teu dever saber como se virar, não vai vacilar!

E apontou adiante, atrás dos cartazes gritantes,
indicando a parada por onde passava o Destino,
874–M Jd. Terceiro Milênio, via Av. Tiradentes,
de preza um bilhete ônibus+metrô+metrô+ônibus,

E assim embarcou Josias em status anonimus
pro meio da multitude, da muvuca crowdeada,
rumo a Babael, Santa e Malvada, urbe torpe e
desalmada, sedutora como madrasta pederasta,

E da janelinha pôde Josias ainda ver Rauílson
perdendo-se adentros bosques do verde pinho
da mais biorgânica Alegria, a declamar em altos
brados, por faustoso chorus mysticus embalado,
o refrão sincopado do Eterno Feminino, M.C.,

"Das Eeee-wiiig-Weeeeeei-bli-che,
                    zieht uns hinaaaaaa-

aaaaaaaaaaaaaaaaaaaaaaaaaaaaaaannn!"

Canto Segundo

EROICA

I
MULAMBA

Pausai vossos delírios
                         (só um instante)
E atentai os vossos olhos a
essa turba maquinada que
chacoalha na mulamba

mulambaê, mulambaô,

Saindo na calada da matina
pra labuta, luta inglória, já
perdida de saída por questão
de mais-valia, absoluta,
e relativa,

mulambá, mulambá, mulambeô,

Balança mulamba, rebenta acelerancia,
pra tanta bunda carece assento, de pé
se segura, malandro, agarra no cano,
e breca o chão quando freia o volante,

    mulambaê, mulambaô, mulambe-á

Bocejam na mulamba a fadiga e a fumaça
da ralação diária seres de todos os genes,
prole explorada espremida apinhada, por
poros sufocados suando a fulige' amarga,

mulam-be-ba-ê, mulam-ba-be-ô-ô

Pranto dum pobre filhote na mulamba
explode um guincho angustiado grudado
ao ventre flácido daquela mãe gasta, mas
a massa abafa e liquidifica tudo que é som,

mulambabaê-ê, mulambabaô-ô

Ponto final Terceiro Milênio,
arqueia arriba os cotovelos,
cola no vácuo da tia gorda e
flui pelo espaço enlatado até
a porta de saída, expelido
feito prodigioso perdigoto,

Ó filho prodigoso,
És nada mais que só um catarro a mais
escarrado nesse mar de fleuma, por vias
como veias como rios que correm ruas
carregando sedimentos de existência,

Ouça cá a avenida:
Choque de metais músculos vísceras,
Sinfonia de buzinas,
Altura de prédios prensando o céu.
Bem-vindo a Babael

II
ESQUINA

Anda, vai lá, ô Josias, segue a muvuca,
Agora que não és mais gente, és massa,
Ou pensas que a tua vontade é tua ainda?
Vai lá descobrir quem é que pensa por ti,
Mas,
Que fazes aí nessa esquina, ao lado d'Ela,
indiferentemente sorridente a qualquer
eventual cliente?, e por que lhe pergunta...
                                    as horas?

– Que queres das minhas horas, Gato?,
eu vendo outra coisa, e cobro o teu
tempo pelo meu ato, dois atos se tu
pagas dobrado, mas pode ser de graça
se me fizerdes gozar da tua presença,

Bons tempos quando time era money,
e não o contrário, não é mesmo, varão?
Mal sabe Josias que esse êxtase é sua armadilha,
vácuo de delírio desejoso impelindo pro abismo,
pois quem lá doutro lado d'orgasmo retorna,
costuma não achar muita coisa na volta, nos
bolsos revirados muito menos a carteira,
Ela tinha porém bom corpo, e apetecia aos
toscos gostos que Josias de gourmet cria,

Então vai lá, varão, mas se toca que por essa
porta vais achar só um punhado d'idéia torta,
promessas natimortas, passados olvidados,
futuro nenhum, "ora com a breca, o que quero
é o calor duma pista que me guie à minha sina,

– E então, varão, dez minutos da tua vida
pagam-me uma bebida, meia-hora a ilusão
do Absoluto, acima disso tens o Paraíso,

Josias é jóvi, tem tempo pra gastar
mas nada a perder, quer saber mais,
mas é Ela quem sabe o que faz, que
indica a trilha, sorri graciosa e sibila,

No claroscuro do negrume alaranjado da noite ardente
enveredou pelo labirinto de barraco seguindo a sina,
sua guia, que lhe contava já haver sido outrora musa,
depois babette na corte do Babboo e vice-presidente
de uma multinacional filistina; antes da Queda, claro,

E como é que se cai?, quis saber Josias,
Ela apontou pra cima e depois pra baixo,
girou o dedo no orifício da outra palma
de mão curvada em punho, subentendendo:
derrapando em cuspe com o cú descuidado,

Josias compreendeu, escorregar é humano,
e se for pra cair, que se caia de cú fechado,
deitou-se de costas com a dama ao seu lado
e pôs-se a sorver o sumo da xota abanando,

Dos lábios fez-se boca, da boca o beijo,
da língua o gosto de bacalhau refogado,
de efeito um torpor extasiado guiava a
mente sem freio a um bosque imaginário,

É o espelho do teu pensamento, criatura,
ouve tua consciência, cuidado com o que
parece ser sem ser de fato, tal floresta de
púbis mágica é cortina de enganar mané,

Mas Josias, anta, otário, esticou o olhar
adentrascarnes que sorvia e creu que via
vindo lá do fundo Roxana linda, radiante,
esvoaçante juba negra, túnica farfalhante
à mciabunda, e o que parecia ser sorriso

Não era sorriso coisa nenhuma, era a musa
em prantos, o mar de suas lágrimas a salgar
o doce caldo em q'se banha, olhos afogados
mirando lívidos o nada, nos lábios carnudos
chagas purpúreas vívidas de vis mordidas,
uma alma penando sem direito a advogado,

E a imagem crescia à medida que os olhos
mergulhavam na miragem, estica, aumenta
e distorce, fagocita a figura da ex-musa e
re-encarna como serpente armando o bote,

É ela que sibila, cobra criada e travestida,
agarra o pescoço num abraço e desfere os
dentes na jugular injetando o entorpecente
leite de pó pirado, calmante pra cú-virado,

A serpente era só o meio, não a mensagem,
O recado vinha entubado nas mandíbulas
repuxando suas veias, bombeando sangue
misturado com pó de idéia e prosa assim:

– Ai sangue bom de veia virgem,
passaste pela prova de secura da
Xanaquengana pra vir te enredar
de calça curta na primeira arapuca,

"Sinta meus caninos gelados pondo
fogo na tua corrente, a dor do pico
é daqui em diante a comida pra tua
mente, tua vontade é a minha sede!

III
INTRAVENOSA

Não tens idéia de quem é a serpente,
né não, Josias? taí, conforme avisado,
de massa, gado, agora és reles escravo
de Lady Babboo, née Leidy Haerô(isa),

A Esposa Sacramental do Babboo Rei,
sócia minoritária, acionista ordinária, e
Secretária do Conselho de Administração
do monopólio babbooínico da Recriancia,

Em comunhão de bens com o Babbooíno,
é dona de metade da pilhagem das Terras
Santas e dos escombros da História, Mãe
Poderosa da escória de salteadores, prole
de vampiros que saqueia a poupança de
aposentados, os cofrinhos das crianças e
os planos futuros de casais desavisados
em honra a seu infame e dissoluto Lorde,

Primeira-dama desse bordel, presta também
função social, e proporciona pão, circo e xana
pro deleite da massa ralada no espremedor
do dia-a-dia como suco pro lucro da Banca,

Leidy Haerô é ambiciosa, e para cada escravo
escolhe a prenda que seus desejos imperam,
e seu desejo é a liberdade do Poder Total,
tornar-se
sócia majoritária, Presidente do Conselho,
em suma,
Senhora Absoluta e Inconteste do Kapital,

Haerô firma o contrato no sangue maculado
correndo na corrente de Josias, e expõe as
condições da relação de servidão embutidas:

– Serás dependente do leite das minhas tetas
até me trazer do Babboo, meu amo, a cabeça,

"Quero toca-la ainda fresca,
com o último suor sangrado do momento derradeiro
pela testa ainda escorrendo
a temperar a grelha para a mais escandalosa ceia!

Concordadas as partes no cartório da mente,
retirou suas presas a serpente como agulhas
 e se foi.

Josias ficou.

IV
CHEZ LE PORTUGUEZ

Ficou assim Josias por muito tempo,
sem nada a fazer senão ficar sem se mover
até que, de tanto ficar, a língua secou,

e a boca seca foi quem lhe espirilou,
porém,
Ao achar a porta de saída, não achou
nenhuma outra de entrada além
da da tabacaria do Portuguez,

A tabacaria era pobre, mas distinta,
e a clientela era fiel, mas moribunda,
Àquela hora só uma pequena, mas seleta
companhia digladiava intelectos ao
respirar das mais impuras fumaças,

– Não, não sei nada ao certo,
estarei eu vivendo enquanto penso,
ou apenas assistindo àquilo que eu sinto?

– Pouco me lixo, não dou uma onça de fumo
para esse teu tédio de suicida histérico
à margem dum Tejo que fede mofo,

– Raparigos, pacifiquem-se,
intercedeu o Portuguez, ciente
de um novo cliente às suas portas, oras,
por favor, que vais quereire, ó freguês?,

Josias de boca seca lambeu os beiços, fez
entender que era a língua que tinha sede,

O Portuguez abriu-lhe orgulhoso o humidor
cheio de úmidos fumos de aromas provindos
dos mais distantes quadrantes da bucetosfera
em tal riqueza de odores que só doces sonhos
de volúpia rivalizavam em luxúria tal panacéia,

Um pescoço esticou-se atrás de Josias,
Era o mulato que carpintava cruzes,
não tinha memória pra nomes e chamava
de souza todo mundo que cruzava,

– Ô Souza, disse ele ao varão,
Engana-se quem pensa
que a fumaça sai do fogo ao léu,
Na verdade ela vem das nuvens
para alimentar o fogo
e aquele que alimenta o fogo,
e por fim aquele que o fogo acende
aspirando a fumaça cheia de estrela
e enchendo a cabeça de céu,

Quis então Josias batizar a fumaiada e
criar seu próprio bléndi, pero o Portuga
fechou-lhe a porta na cara e disse
"Não, aqui não se mistura,

– Mas ora pois, ó Portuguez,
deixe o freguês fazer o que entender,
é o fumo que está a serviço da língua e
não o contrário, falou assim o caolho,
ex-marujo, ex-soldado a soldo de grilhões,
orgulhoso de haver perdido um olho mas
preservado com galhardia seus culhões,

– Fuma, esquece, que o diabo nos esfume,
que diferença faz, vais acabar como aquele,
o Esteves, que estava aqui antes e de tédio
se matou, pois contra viver não há remédio
mais doce que negar a negação do Mistério,

– O suicídio é uma reles resposta besta e lógica
ao Absurdo, ao Paradoxo e à falta de sentidos,
concluiu o Portuguez ao limpar um cachimbo,
(que, dizem as más línguas, não era cachimbo)
E aqui, repito, não se mistura, foda-se a postura,
Aqui cultiva-se tabacagem segundo norma culta,
A tua loucura, mescla de índios, pode-se fumar
                                                                               afora,

A clientela sentiu-se provocada, reagiram irados,
Como assim, não misturar o Eu fragmentado com o
transtornante Absurdo, o Real e o Pensamento com
significados obtusos, a livre mente co'a língua presa,
a falta de sentido que impera categórica e a mentira
compulsiva que nos condena à insânia ideológica?

Josias assistia à balbúrdia na tabacaria
(ou assistia apenas ao que sentia?)
sem se sentir seduzido à esgrima de
ideias expelidas em fumaças etéreas,

Seu âmago queria matéria, alimento pra língua,
a sede da víbora, o leite da Mãe, mas os freguez
volta e meia voltavam sempre ao mesmo tema,
a Morte, Negação Absoluta, Vagabunda Finitude,

– Ó Gostosa Suprema dos Vácuos da Desesperança!

Aqui Josias jamais encontraria a pista da Recriancia,
muito menos uma boca de teta de Haerô ou uma trilha
guiando-o à cabeça do Babboo, e foi com pesar que
despediu-se das tabacâncias em busca de outras misturas,
um bléndi de fumo com pó pirado que a sede da língua
lhe matasse e de chuveirada banhasse su'alma à mingua,

O caolho aparentava ser também um iniciado,
Indagou-lhe Josias se sabia por onde poderia
entrar na órbita gravitacional da Tetaria para
adquirir uma dose generosa de leite da Mãe,

O caolho piscou o olho perdido e indicou
o caminho fazendo uma curva com a mão,
"É só sair dessa espelunca, lá fora tudo é
mercado, livre iniciativa, um grande Shuk,

"Saindo da tabacaria vire à direita, ou então
à esquerda, tanto faz, não tem como errar,
Todos os caminhos levam à veia.

V
BIZZNESS

E lá se foi Josias lançar-se à selva do mercado,
À porta da tabacaria, observa o movimento,
Chovia.
A chuva escorria por cima das lonas,
e formava cascatas pelas calhas vindo
de correntezas por sobre os telhados,

Tinha gosto de smegma condensado
antes de se misturar aos dejetos e à
lama orgânica por córregos correndo
o sumo barro, alimento da prole de
parias esparramados como fetos
natimortos nas fétidas sarjetas,

– Uórafóq, mêen, is this tudo que tens?
– Desolation, mai bronson, that's tudo.
– Uóraxota, nau ah uãna xut ma breinz!

Taí, oras, se não for aqui não é nôuérelss,
Josias, malaco, chega junto cool-as-aisss,

– Yo!
– Sim?
– Tem leitinho pras criança?
– Só toddynho, te faço por dez pau a onça,
– Máqui mané ten dóla, não tens vergonha?
– É tu que não tem noção, escuta isso aqui:

(som... som...som)
blues:

Prices a-risi-ing,
Infla-tion outbursts off interest rates,

Prices a-risi-i-ing,
Indexation pegs a-dóla to other trades,

High flexibility overseas floating market,
And a complex
distribution network,

Repression burdens incurred into budget,
Split all the way down
to the heart of your cost,

oh yeaah, prices a-rising, yes they are,
uuuuuu-uuuu-
uuu-uuuuuuuuuuuhhhhhhh...

Lissen tu de miuuuzik,
pódscrê, captou Josias,
opção mesmo tinha nenhuma,
paga-se o q'se pede,
aplica-se o q'se tem.

VI
LETARGIA

Shuk casbah bazaar akhbar bushbush shuf sufis shia sunis barganhando
Bem e Mal;
Shuk shuk supremo feirão, materiais pra construção, destruição e despacho
Express,
Corpos, órgãos, flores, pestilências, beneficências, maldades e órfãos
24 horas,

Os restos empilham-se e espalham-se
pelo caldo ocre das sarjetas colonizando
os vãos entrepedras do calçamento, "eca,
hay que achar outro ponto pra veiadentro,

Ao fundo do mercado avista a Plaza rotatória,
totem central do círculo labiríntico de Babael,
a centrífuga para onde confluem tal qual água
rodando na pia o refluxo de escravos de Haerô,

A veia lhe abre caminho no meio da muvuca,
Bússola infalível norteia o destino do leitinho,
Achegado na Plaza, Josias sente-se em casa,
Família que aplica unida permanece, e fica,
isolado cada qual na sua fantasia de letargia,

Na camaradagem da fissura é apresentado
Josias, veia nova, very uélcam, cata aí um
pedaço de chão e faça da Plaza a serventia,
regale-se no som, estique-se no colchão de
pedra e sinta-se esparramado em gelatina,

Acomodou-se, luxo só:
Pacoteira aberta,
fez preza pro santo
e rezou a bênção
da veia eterna,

O leite borbulha colher de metal beija o beijo
minúsculo o toque da agulha se banha suga o
maná de neurotransmissores esfrangalhados,

Os dedos do negro acariciam as alvas teclas do piano,
cordas em solfejos, gravata ao cotovelo salta a veia verde
agora azul agora purpúrea clamam pelo ferrão gozoso,

O toque o pico o furo o sangue sobe agarra
o leite avoa bate o côco e choca na cachola,

Bingow!

Abrosolhos vês o verde, verdes sois vós,
o vento verga a garganta junta pescoço à
testa aos joelhos, torpor morno conforto
se espalhando por cada veia e interiores,
de seda sedosa a mente sedada sem sede
enjaulada numa gaiola de gozo,

Dedos vivos correm a pista lisa bicolor do piano,
intestinos de cordas vibrantes ocultas na caixa
quatro paredes madeira que abafa retumba
comprime a carreira dos sons,

Há fumaça entre os olhos e as coisas,
há fumaça para dentro dos olhos,
entre olhos e neurônios,
Por que, Josias, vês tudo roxo?

– Porque vejo a Mãe que fala à veia,

A serpente suspende sibilante sua cabeça do balaio,
é a Mãe quem chama.

VII
ARENA

A Mãe chamou, todo mundo vem,

e eles vêm de todos os lados,
A massa, os tambores, os que guiam,
e os que se deixam guiar pelos brados,

Cornetas, megafones laçam atenções
e corações, guiando à arena,
ao circo baboso de sexo sangue e nojo,

É Lady Babboo quem conclama
À arena, à disputa, à eliminação,
à eleição,
À seleção de uma nova semente
para dentro do balaio da Mãe,

Eles vêm de todos os lados,
Seguir a massa ou ser pisoteado,
Eis a questão,

A Mãe conclama:
"Hora ou outra morrer todos morrerão,
mas meu balaio promete um gozo na vida,
E aí, vão refugar, bando de varão vacilão?

As portas do Coliseu Xânico abrem-se
voluptas à pressão penetrante da massa,
a que vem de todos os lados,
Aos primeiros que chegam os assentos,
aos retardatários a carnificina em campo,

Trombetas e tambores congelam a massa,
       silencium impera dessubitum,
    e só então entram os megafones,
trovejando o anúncio do início da bagaça,

GLADIOBOL.

Massa na arena metastasa-se em times,
À cada time dada uma cor de camisa,
Somos verdes.

Apitaço.

Furisgládios violançam bolarégia
cotorradas velocórtex picacrânios
no gramado

Bolarégis rola,
Rola bolarégis,

Exposcrotum chutovácuos
(morte certa),
Bolarégia adentras redes
metamáxima

Massaverde entremcampo,
(imponente)
e põe-se a
espinafrar a massarrubra,
alfachassar a massanegra,
empepinar a massaalva,
desinchinfrar a massarela,
                                        até finalmente na final,
desinchavar a massaranja,

Bolarégia conquistada,
massaverde campeã,
Sobre os restos da chacina,
Bolarégia é dada à Mãe,

Haerô aclama,

Tambores e trombetas
retroinflam suspirancias,
Massaverde se desmancha,
desvestem-se as camisas,
e adentram as autobigas,

O tótem picaponta centrarena,
Gramado rotatório vira pista
circusférica de areia pisoteando
restusmortis e debris,

À largarrada
stompunhetam patomotors
em velocórtex e cotorradas
(uma contingência da vida),

Crashodentes espirovôos
paralém das amuradas,
Exploflatos fantastáticos,
escapobofes estrondejantes,
Autobólidos esmigabigas,
Amassanhaço esmagatripas,

A massa urra ao apitaço,

Rédeas que se puxam,
patomotors relincham,

 A Mãe aclama os que sobram
e ainda respiram,

Faxinogruppen
(magrebinos, albaneses e nordestinos)
limpam restusmortis e debris,
e armam o palco da proximatração,

A massa baba,
A Mãe se esfrega,

Gigamegawattboxes silenciam os megafones
Multitâmpicas baterosas overporram os tambores
Policórdicos guitarrinchos sufocam as trombetas,
Rhéio Rauílson Powertrio veio animar essa Buceta,

Poweron
no sambasuíngue,
prefácio da chegada
(esperada, aguardada, babada, gosmelada)
    das Musas raptadas,
    agora Babbetes,
    escravas do Smegma,
    deleite da massa,

Pau na caixa sambasuíngue
contorxanas relam melam gládioscarnes,
Rauílson cerradentes:
baterosa multiporra acelerada,
e sambasuíngue transmuteia em
funkiluxo,
        funkiláscio,
                funkishake,
                      funkiphoda,
                      punkilixo,
                punkiporra,
        e punkizorra

(I. Andante più galopante;
        II. Adágio suingüiante;
                III. Trash maestoso)

A massa urra: "Gangbangsexpunkrock!"
                "Gangbangsexpunkrock!"
A massa vibra, a Mãe se enxana,
                "Gangbangsexpunkrock!"

O primeiro fraco gozadentro musoxanas,
sem chances:
Babbettes não babam nem cospem,
mas sugam chupam e engolem
até a última seiva a carne incauta,
só farelo de osso deixam de sobra,

O primeiro fraco ressechupado no palco jaz,
enquanto as babbettes cantam, rebolam,
gingam e esfalfefolam a carne trepidante,
(mas Josias, malaco,
amarra o pau com barbante),

Punkizorra punkarrola punkapau estulfexanas
gozadentro morte honrosa e horrorosa,
o pau comido é o pau que come,

A Mãe se lambuza, a massa urra,

Gangbangsexpunkrock extingue um a um os machos na arena,
Eram no início quatro varões para cada babbette tricaçápica,
ao fim sobram dúzias de esfomeixanas para cada suspivara,

Os dois derradeiros bravos contorcem seus nervos e veias,
O suor rola pra fora, barbante ao saco compacta a próstata,

Abisalão, o Calvo, entrega os pontos,
Jatopórrix melinunda musoxasca,
Josias, o último (e primeiro),
Recontracta a mola ao rectum
e regurgita o viscogozo extracú
(e a regra é clara:
ressechupança somente em gozadentrum,
                      jamais em goziforis),

A massa aplaude,
A mídia explode,
As musa engolem
e a Mãe aclama o eleito,

Esguicha a cachoeira
de Smegma Premium,
licor d'entrepernas
pra Josias só beber,

Vencedor do Ventre,
bate no peito,
arrota uns peido,
e cospe pra plateia,

A massa estrebucha,
goza adoidado,
de gozar empapuça,
e cai de lado.

VIII
ESTRELATO

Flashes esplashes expõem a figura de Josias
nua, espúrea e ébria de liqueur d'Entrepernas,
(AOC, Vallé d'Entrejambes, La Maire–d'Ici),
                                        Composição: água,
                                        piridina, esqualeno,
                                        ácido acético, uréia,
                                        ácido lático, álcoois
                                        complexos e glicóis,
                                        mucina e albumina,
                                        acetona e aldeídos,

E descem todos a ladeira em pleno carnaval,
aquela baderna geral de confeti e serpentina,
bandinha com coro de passantes em charanga
"eu sou rico, rico, rico, de marré deeeeeee–ci,"

Enquanto todos desciam a ladeira, Josias subia
no elevador do estrelato ganhando andares até
o alto da Buceta, ao triplex de cobertura onde
Haerô fecunda seu balaio em operação casada,

Ganhou à entrada óculos de sol
para ver no escuro e se parecer
com todo mundo que aparece
em público, dado em sacrifício
aos deleites da massa como alimento da mídia,
assim como
aos deleites da mídia como alimento da massa,

Haerô lhe oferecia leite das teta, suco de xana,
e ainda fama, grana, glamour e mondo bacana,
Obrigação que é bão, o varão pensava que só
tinha de armar a verga e semear o balaião
(prova cabal de que continuava sem noção),

No embalo do agito por trás dos béquisteiges,
foi apresentado, com cartões e taças erguidas,
à parafernália de parasitas que da sua imagem
construíam signos e comodificavam patavinas,

Da carcaça pra fora,
destacamentos de guarda-costas,
cordões de puxa-sacos,
marketing managers e public relations,

Da carcaça em si davam conta
pajens e camareiros sob ordens
de Clodô, compadre de Haerô,
consultor estético, cosmético,
guarda-roupa e nó de rosca,

E da carcaça adentro os cuidados
eram campo dos bio-engenheiros,
Escanearam cada molécula e DNA
da verga e da semente do varão,

E da infinitesimal base de dados,
escrollavam os cromossomos,
deletando genes anômalos,
a preparar a semeância do balaio,

Numa esbórnia de retroembalos e metagitos,
chegava enfim Josias ao coração do Poder,
No triplex de Haerô acotovelavam-se aqueles
que controlam as marés do Caldo e da Buceta
os humores em jogos de sorte, azar y Joder,

Durante a recepção orgástica em homenagem
ao embaixador Plenipotenciário d'Olhoducú,
encontrou Josias a mulinha da Xanaquengana,
e ousou ir perguntar "mas o que aqui fazes tu?"

A mulinha ruminava uma gintônica atrás da outra,
E ao ver o varão fingiu ares de falsete, disfarçando
o embaraço de ser flagrada em companhia de um
ser tão sem noção ao seio do mais seleto jegue-set,

Embevecida pela bebida ofertada boca-livre,
a mula por um instante pausou seu ruminar,
alertar o varão lhe era então como um dever:
– Não te fie na tua celebridade, ô Josias mané,
ou já esqueceste que aquilo que parece não é?

Canto Terceiro

A REPRODUÇÃO DO KAPITAL

I
ATA DA REUNIÃO EXTRAORDINÁRIA DO CONSELHO DOS METABABBOOS

DATA: Corrente.
LOCAL: Instituto Buceteológico de Babael (IBB), Salão Nobre.
PRESENTES: Babboo Rei (presidente),
Papa Nicolau VI (secretário),
Moishe Rabeinu,
Akenathon,
Sarah Palin,
Martin Luther Neto,
Osama bin Laden,
Josef Stálin.

O Conselho corrente foi acionado por ordens do Babboo, em virtude do resultado da mais recente competição global de Arena promovida pela Primeira-Dama, Haerô Lady Babboo. Eu, Papa Nicolau VI, humilde servidor da ordem divina incorporada na persona e virilidade babbooínicas, abro os trabalhos do presente Conselho invocando uma prece à Trindade Bonificadora das três pontas cardeais da Grande Buceta, e os outros se juntam para o amém.
Akenathon faz um aparte perguntando – O que o Stálin está fazendo aqui? –, a resposta do Babbo é incompreensível e todos os membros se contentam em não compreender nada. O Santo Déspota requisita aos presentes a constituição de um corpo de peritos para proceder à averiguação do pedigree primal do famigerado Josias, campeão da Arena, e pretenso candidato a semear o balaio

da Mãe. Sarah Palin delicadamente indaga qual a natureza das suspeitas de Sua Excelência Babboínica, ao que é subitamente cortada por mais um aparte de Akenathon, indagando a todos os presentes – Que diabos o Stálin está fazendo aqui? –, ao que o Babbo responde de maneira ininteligível e todos os presentes se dão por satisfeitos. Como responsável pela plena e fluida condução dos trabalhos, esse humilde servidor que sou trouxe de volta à pauta a indagação da colega Sarah Palin, e após receber o iluminado grunhido de aprovação de Sua Majestade, expliquei ao Conselho que o scanner biotécnico do varão Josias levantou a suspeita de que o famigerado supracitado não seja oriundo da prole babboínica, mas, possível e inexplicavelmente, que seja na verdade filho de Deus. A gravidade da situação foi compreendida por todos, que se resguardaram a um silêncio meditativo, cortado por mais um aparte de Akenathon, perguntando – Que caralhos está o Stálin a fazer aqui? – , mas dessa vez até Sua Majestade o Babboo permaneceu calado. O Secretário do Conselho, seu humilde servente, voltou a trazer a bola ao chão, requisitando aos presentes a formulação de hipóteses e soluções ótimas para as conseqüências de uma infiltração da semente divina nos sistemas de controle e procriação da prole miserável, abençoada proprietária do controle acionário do Reino dos Céus. Osama Bin Laden fez questão de salientar, porém, que o que estava em jogo não era o market share do Reino dos Céus, mas sim a capacidade de manutenção da atual estrutura hierárquica da ordem terrestre em vista das disfunções organizacionais que tal hipótese de fecundação anômala provocaria, ao que este secretário do Conselho, humilde escrevente, contrargumentei que qualquer alteração na ordem terrestre deveria ser combatida sem compaixão, de modo a evitar a deterioração do valor equitário do Reino dos Céus, tornando-o presa fácil para takeovers hostis por parte de piratas pagãos que infringem os direitos patrimoniais patriarcais, ao que Martin Luther Neto, sempre se fingindo tão discreto mas sempre tão inconveniente, aproveitou para criticar ferozmente as

tendências de verticalização e terceirização dos processos espirituais, argumentando que a concessão de franquias dos trademarks e copyrights de Deus, sem a autorização expressa e reconhecida Deste, feria os acordos multilaterais de limitação de concessões cósmicas, assinada por ocasião da Gênese, quando o próprio Deus ainda presidia este mesmo Conselho. Com a anuência beneplácita de Vossa Majestade, o Babboo, Josef Stálin tomou a palavra e candidamente anunciou aos presentes que os temores levantados pelo kamarada Luther Neto não tinham mais a mínima procedência, pois já havia se adiantado e procedido ao upgrade do status de Deus nos arquivos de Inteligência, decretando o fim do estado de vigilância e autorizando a prisão preventiva do Próprio, Bendito seja, à qual, se assim for o desejo deste Augusto Conselho, pode passar de preventiva para definitiva, até que Deus confesse seus pecados e assine definitivamente a cessão dos direitos de seu Santo Nome para o Babbooarca. Aparentemente desconfortável com as palmas dirigidas à Josef Stálin, Akenathon perguntou ao canto do ouvido de seu vizinho, Moishe Rabeinu, sentado que estava ao lado deste modesto servidor cujas orelhas ouvem até os mais abafados gemidos de Deus, e Akenathon então lhe perguntou – Que porra faz o Stálin aqui? –, e Moishe Rabeinu apenas bocejou. O Babboo, bendito seja, anunciou o fim do expediente corrente, aproveitando para reconvocar os presentes para a próxima sessão, quando se dará a acareação de Deus e Josias perante este Augusto Conselho.
Seguiu-se aperitivos, canapés e salgadinhos.

II
ATA SEGUNDA, CONTINUADORA DA REUNIÃO EXTRAORDINÁRIA DO CONSELHO DOS METABABBOOS

DATA: Ex-Corrente.
LOCAL: Instituto Buceteológico de Babael (IBB), Salão Nobre.
PRESENTES: Babboo Rei (presidente),
Papa Nicolau VI (secretário),
Moishe Rabeinu,
Sarah Palin,
Martin Luther Neto,
Osama bin Laden,
Josef Stálin.
Josias e Deus, no banco dos réus.

Dando prosseguimento ao Conselho Metababooínico convocado extraordinariamente por ocasião do resultado da Arena, Josef Stálin, conforme o desejo de Sua Excelência, o Babboo, traz Deus e Josias à essa sessão para serem devidamente interrogados e acareados pelos membros acerca de seu parentesco.
Pequenos detalhes, porém, tiveram de ser resolvidos antes do início dos trabalhos. Temendo um alvoroço popular e uma pesada concentração de paparazzis às portas do Instituto Buceteológico por conta da chegada do star Josias, convocou previamente o Babboo seus babbooínicos pares donos das mídias pedindo-lhes que se abstivessem da cobertura dessas reuniões tão extraordinárias deste Conselho. O que nosso Supremo Patriarca ofereceu em troca é assunto de seu foro mais íntimo, mas os babboos midiáticos concederam de pronto.

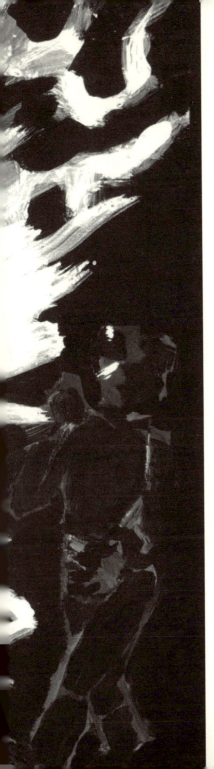

O outro detalhe referia-se ao fato de Deus se recusar terminantemente a assumir a imagem e semelhança do Homem, conforme era de seu direito, porém em contradição direta com as regras de cerimonial da Corte. Movido por magnânima compaixão, Sua Excelência Babooínica aprovou uma pequena quebra de protocolo, outorgando a Deus a licença de se apresentar em quaisquer trajes que fossem de seu agrado. Trazida por quatro robocops núbios, a gaiola hermética de Deus enjaulava trovões e relâmpagos, em claro sinal de seus humores. Antevendo as dificuldades que o interrogado estava por trazer aos seus máximos interrogadores, Josef Stálin pediu a permissão desse Conselho para que se chamasse a assistência técnica do Augusto-Inquisidor-Adjunto, o carrasco Pinochota, requisição de pronto concedida. Enquanto se aguardava a chegada do técnico, este augusto Conselho colocou-se em breve relaxamento durante o qual Martin Luther Neto e Moishe Rabeinu discutiam os resultados da Arena, e Osama Bin Laden me perguntava a esse humilde e atento narrador por explicações para a ausência do companheiro Akenathon na corrente sessão. Como os outros membros da mesa também se viram interessados pelo destino de Akenathon, e, com a anuência de Sua Majestade, expliquei que o supracitado colega, vitimado por ataque dos nervos, exposto à tristíssima depressão, está se recuperando sob os cuidados dos mais renomados especialistas do Instituto de Psiquiatria Buceteológica.

Joseph Stálin então ofereceu um brinde à rápida recuperação de Akenathon, sendo acompanhado por todos os presentes, exceto por Osama Bin Laden, que não bebia e, enquanto observava a seqüência de nove nasdarovyas entornadas, indagava distraidamente aos seus vizinhos qual seria a função de Stálin nesse Conselho. Nesse momento, porém, adentrava a sala o Inquisidor Mor, em seu uniforme de gala, totalmente nu com apenas um capuz cobrindo-lhe a cabeça, e Sarah Palin reparou na incrível pequenez do minúsculo membro viril de Pinochota, ao que Martin Luther Neto, numa bufada, lembrou que Pinochota, oras, é um inquisidor; fosse de outra maneira, seria procriador. Mudando de assunto, Osama Bin Laden virou-se diretamente para Joseph Stálin inquirindo-o que diabos fazia ali. O Babboo grunhiu, porém, anunciando o fim das conversas paralelas.
Pinochota começava seu show.
"No início o Senhor criou o céu e a Terra..."
"Correto.
"... e a terra era o caos."
"Procede."
Com um gesto de enfado, pediu o Babboo que essas formalidades fossem deixadas de lado e que se partisse diretamente ao assunto inquisitio.
Trovões e relâmpagos sacudiam a gaiola hermética de Deus, pedindo a palavra. Todos olhamos para Sua Alteza Babbooínica, que depois de alguns eternos segundos, assentiu. A Deus foi dada a Palavra, mas não o privilégio do Verbo Infinitivo e Imperativo, de modo a evitar uma nova gênese descontrolada, e assim disse:
"Tudo errado, seus macacos, tudo errado! Da vossa suma ignorância já estou farto. Tudo aquilo que vossas símias mentes não são capazes de explicar ou entender, chamam pelo meu Nome. Sendo Aquele que tudo sabe, é uma afronta ser associado exclusivamente com a vossa douta estupidez!"

Na qualidade de privilegiado interlocutor entre o Conselho e os réus, via inquisidor, indaguei Deus sobre qual então seria o problema real.
"Ora, imbecis, todos são filhos de Deus..."
E Martin Luther Neto concordou, mas logo se calou ao atentar aos nossos olhares obtusos do Conselho.
"... mas não necessariamente por Mim concebidos, oras bolas. A Criação não é a ficção que vocês inventaram e não será Me engaiolando, usando e abusando do Meu Nome e da Minha Obra para escravizar a prole de fêmeas e varões debaixo do Porrete do Pai e do Balaio da Mãe, que vocês gozarão da graça e das benesses do Poder que da Buceta emana!"
Sarah Palin ofendeu-se, mas ofendeu-se até as entranhas, ofendeu-se à nível de fêmea acima de tudo, afinal também era ex-musa, ex-Babbette q'Engole, ex-Miss Elefanta, e sacrossanta representante das Metababbooínas Alaskeanas Amazônicas, prova de que nem só sob exploração vivia a xavascaria de Babael. Exigiu que Deus se retratasse de imediato, mas Deus pela primeira vez na sessão sorriu, e depois riu, e depois gargalhou, e dentro da gaiola hermética assumiu a imagem do palhaço Arrelia, depois do Bozo, por fim Ronald McDonald, e disparou – Sarah Palin, és na verdade a mais encarniçada inimiga de qualquer xota genuína, babbooína enrustida e travestida; te desafio a baixar tua saia e mostrar se tens xana suficiente para representar o Mulherio."
Sarah Palin empalideceu, e todos lançamos nossos olhares para sua cintura, ansiosos por ver se ela toparia o desafio de Deus; Sarah Palin olhou para o Babboo, e o Babboo babava, bateu com as quatro mãos na mesa e balançou a Santa Verga, sua Vontade era clara.
Sarah Palin baixou a saia, e não teve como esconder a protuberante envergadura de sua benga profusa; o carrasco Pinochota caiu de joelhos aos seus pés e Josef Stalin teve de traze-lo de volta à razão e ao dever. Para compensar o desassossego, ambos descarregaram dúzias de chicotadas na gaiola hermética,

mas Deus divertia-se como se lhe fizessem cócegas. Sentindo que o interrogatório tendia se tornar deveras embaraçoso, este humilde escrevente que essa ata redige tomou a iniciativa de sugerir que voltássemos nossas atenções para o varão Josias. Tive de repetir a sugestão duas vezes pois Osama Bin Laden cochichava ao pé do ouvido do Babboo, perguntando com todos os salamaleques por que Sua Excelência anuía à presença de Stálin no Conselho, ao que o Babboo, num lampejo de ira, esporrou sua Santa Verga na napa de Bin Laden, ordenando-lhe que voltasse ao seu assento. Deus, porém, tampouco se dava por vencido, e agora tentava desafiar Martin Luther Neto a desnudar-se de sua túnica e provar que sua verga não era uma xota. Suas palavras, entretanto, estando fora do espaço permitido para contra-argumentações, caíram no vazio, e foram ignoradas pelo Conselho, como já é de praxe quando as lições divinas não se conformam com a realidade e a Vontade babbooínicas. Sarah Palin, estremecida, tentava conter suas lágrimas, humilhação e fúria pseudo-uterina, e se não fosse o dever de redigir essa Ata, teria eu, em minha respeitável modéstia, oferecido-me para consola-la com um saboroso boquete de sua flácida e longa bengala, mas os outros membros do Conselho faziam fila oferecendo-se antes de mim. Que Deus os inspire, pensei ao olhar à gaiola hermética, onde ora brilhava um portentoso arco-íris.

O varão enquanto isso apenas assistia com uma expressão beatífica e embestada, como se nada tivesse a ver com a balbúrdia do Conselho. Fomos então obrigados a interromper os procedimentos para que Sua Alteza pudesse dar um jeito em Sarah Palin, oferecendo-lhe uma babbooínica sodomia, cortesia irrecusável da mais alta majestade.

Durante a pausa, Moishe Rabeinu e Osama Bin Laden começaram uma partida de gamão e os restantes ocupamo-nos com o jogo de dominó trazido por Josef Stálin.

III
ATA TERCEIRA, CONSEQUENTE À SEGUNDA, DA REUNIÃO EXTRAORDINÁRIA DO CONSELHO DOS METABABBOOS

DATA: Ex-Corrente.
LOCAL: Instituto Buceteológico de Babael (IBB), Salão Nobre.
PRESENTES: Babboo Rei (presidente),
                Papa Nicolau VI (secretário),
                Moishe Rabeinu,
                Sarah Palin,
                Martin Luther Neto,
                Josef Stálin.
                Josias e Deus no banco dos réus.

A sessão posposta foi recomeçada, tendo o Babboo com toda sua autoridade trazido essa assembléia de volta à ordem. Sarah Palin, consolada, sentada de lado e com aquele seu sorriso sábio e iluminado que a todos nos deleita, acenou para este humilde escrevente continuar meus trabalhos.
Os demais membros deram pela falta de Osama Bin Laden, especialmente Moishe Rabeinu, para quem Bin Laden devia a aposta perdida na última rodada de gamão. Sua Alteza o Babboo bufou com desprezo, mas Josef Stalin, solícito, informou que Bin Laden também fora vitima de um surto paranóico e havia sido transferido para a Ala Psiquiátrica, onde ao menos poderia livrar Akenathon de sua solidão. O Babboo bufou mais um par de vezes e Pinochota pôde então recomeçar seu trabalho de acareação entre Deus e o varão Josias.

A figura de Deus na gaiola hermética era agora só luz e silêncio; indagado se conhecia ou de alguma forma já havia tido qualquer tipo de relações com Deus, Josias mirava a gaiola de luz como se tentando reconhecer a figura de dentro. Era possível, sim, a luz lhe era familiar, mas também era possível que não fosse. Moishe Rabeinu interrompeu a acareação questionando os métodos de Pinochota, afinal a identidade do Pai, segundo entendia, era secundaria à da Mãe, essa sim decisiva na atribuição de identidade. Stalin então demandou de Josias a identidade, mas o varão não possuía RG, CPF ou mesmo um PDF de origem. Nesse momento, Martin Luther Neto passou um bilhetinho para Moishe Rabeinu, que passou por minhas humildes mãos e não pude deixar de abrir, onde dizia que ouvira dizer que Osama Bin Laden havia sido apagado na calada e jogado no mar. Moishe Rabeinu foi sábio em comer o bilhete.

Sarah Palin pediu permissão para interrogar o varão, prontamente concedida pelo Babboo, e, desvestida de toda vergonha, dispôs-se a torturar Josias exibindo-lhe a rabeta e martelando-o com a benga que tanto emocionava Pinochota (e não só Pinochota), inquirindo-o, se não fosse filho de Deus nem do Babboo, seria filho de quem?

Josias alegou bastardia, invocou o nome de Roxana, mas madrinha aqui não vale. Açoitado pela benga de Sarah Palin, o pobre varão suava em bicas, e quando parecia não mais se agüentar e partir para o abraço da rabeta da babooína, as portas se escancararam e Haerô Lady Babboo adentrou o Salão Nobre desferindo suas garras e mandíbulas no pescoço de Sarah Palin, desossando-lhe o cacete, esfolando-lhe o couro, devorando-lhe a carcaça, e por fim engolindo-a com uma proficiência de invejar qualquer Babbette sugadora.

O Babboo adorou o espetáculo de sua consorte, ignorando o pesar de todos os demais membros do Conselho com a execução de nossa amada colega bem-
-dotada; a razão desse irromper violento, segundo Haerô, "é o fato de que ninguém tasca a mão em verga de escravo meu sem minha permissão ou meu

gozar." Todos assentimos, inclusive o Babboo, que tem sempre a última palavra, mesmo em presença de sua Sacramental Esposa. Porém, até Josef Stalin ficou mudo ante a figura da Mãe a desdenhar os olhares de todos em volta, focando-se exclusivamente em Josias. Conclamou a banda de axé-pífanos encostada à parede, expôs ao varão suas Santas Tetas, e assim cantou seu hipnótico axé-mantra:

> Quer que dou? Ah, dou não,
> quer que eu dê? Ah, vem ver,
> vai então, meu dendê, me dá
> o dodô que faz meu dindim
> desopilar teu bilau até doer,

foi quando então uma trupe de babbettes selvagens invadiu o Salão em compasso de sambão de sanfona, e de pronto ressechuparam Pinochota libertando o varão, que de súbito elevou-se por cima da zorra, espada em riste, e todos nós, metababboos de rosca idônea, temíamos por nossos pescoços; porém, para Josias nós não existíamos, dirigiu-se ele direto à mercê do Babboo Rei e, oh não, não, meu Deus...!

IV
CABEÇA, CRUA E COZIDA

Olho algum foi capaz de seguir o
cingir do corte reto do aço gélido
da espada ímpia a dividir em duas
bocas surdas o pescoço do Babboo,
jorrando o ocre musgossangue que
emporcalha o olhar daqueles que
preferem enxergar vermelho o nojo,

A Corte pasmou, ejacularam interjeições
excitadas, interditas, obscenas tal qual o
espetáculo da cabeça temperada na bandeja
e exibida para todos os confins da Buceta,

Ao estopim do alvoroço no Conselho,
câmeras invadiram o recinto disparando
sem poupar canto ou muquifo, expondo
tudo e todos, mais o asco e a porqueira,

Metababboos foram flagrados em fuga
escoltados por probos e fiéis pretorianos
destríssimos em abrir caminho dizimando
a muralha de musas e populares curiosos,

Haerô acariciava a cabeça do Babboo na bandeja
sorrindo para o pelotão de lentes fuzileiras,
e às musas libertadas, respingando libertinas,
juntavam-se deusas, topmodels e sereias,
barbies e princesas, jaburacas e tigresas,
suingando seu alivio em combustões uterinas,

No calor da orgia em volta do defunto do Pai,
ninguém se deu conta do destino de Deus,
A gaiola hermética escafedeu-se, "sumiu
de morte sumida", foi o que depois se supôs,

Shirley Lorelei, Kelly Cristina e Greicy Mara
achegaram-se ao varão, herói da vez e da revez,
escortando-o salão afora, escada abaixo e rua
adentro estrada arriba rumo ao seio do barulho,

Rave ensandecida, festa batestaca das babbettes
que agora não mais babbettes eram mas somente
mulheres, fêmeas, libertas dos grilhões do porrete
mas ainda encerradas em seus claustros narcisistas,

– Olha em volta, não é extasiante a liberdade, ó Josias?
– Ah Kelly Cristina, que sei eu do que seria ser livre?
Que importa se em volta não há cordas, mas adentro
ainda se tem presa a angustia da solidão mais sórdida?

Kelly Cristina fez muxoxo, e olhou para Greicy Mara
insinuando que o varão,
viajandão,
na maionese hueviava,
existencializando a balada a broxar a ceia da moçada,

Trouxeram remedinho, gintônica baleada com balinha,
Pro êxtase ser coletivo, cada um tem de gozar sozinho,
desligar a mente e desemaranhar os nós de neuronervos
deixando o corpo solto a explorar outros corpos plenos,

Bacana à beça, pensou Josias,
Taí-ó:
A musica era outra,
(nem mais sinal de Rauílson),
O leite era diferente,
(que fim deu de Haerô a tetaria?)
e se homem ou mulher, nenhuma
diferença mais havia,

Machulheres e mulheromens,
femichulas e machodontes,
uma poliândrica poligenia
de transumanos pansensuais
borbulhava e se reproduzia
no melô das danças tropicais,

– Mas pra mim tá belê esse melê, disse Josias,
E así si fue einmischen na danse dell'Extasia.

V
BABBOO, TOTEM E TABU

Da imagem do Babboo Haerô erigiu o totem,
Do asco da sua rosca babuína, o rígido tabu,
Da Tetaria fez-se festa de lambança liberal
à traficância desvairada no espaço Bucetal,

Pharmamama, Tabacancia, Minerancias,
Telemanhas, Oleança, Santa Banca,
e a Complexa Milicância Industrial
patrocinam a orgia tragicômica do Kapital,

A festa é uma guerra, a guerra é uma festa,
molamotor da mais promíscua mais-valia,
afinal, assim como toda comida vira bosta
e energia, no Kapital também nada se cria,
tudo se consome, se destrói e se recicla,

Josias enfim via o que é mas não parecia,
pois viu primeiro que mero peão que era,
varão de aluguel no esquema da Recriancia,
a serviço do Kapital (onipresente e ciente,
do totem do Pai morto imagem e semelhança),
o Pau que de fato fode e fecunda a Bucetância,

Tomou seu lugar na linha de montagem,
Dançou, bailou, se amassou, almondegou-se
sincopado ao compasso da máquina de batidas,
até que certa hora de dançar Josias cansou-se,
chamou a si seu corpo e disse "chega, meninas,

Mas os bracinhos disseram "foda-se",
E as pernas, frenéticas, "cala a boca",
A verga, porém, banhada em êxtase, se
indagava por que tão estática balangava,

Josias então virou a chave atrás da cabeça
religando os nervos e a mente conturbada,
arrastou seus dançantes membros ao bar
e chamou uma coca com limão bem gelada,

O barman serviu-lhe sorrindo, quase assanhado,
Josias olhou enfezado, não tava pra papo-aranha,
Mas o sujeito achegou-se atrevido, olho no olho
através do balcão, "tu tá me reconhecendo não?,

Josias então viu, era aquela luz, aquele brilho,
Mal podia crer, veja só, como não reconhecer,
"E aí, meu filho", disse o andrógino indivíduo
por trás do qual emanava retinta a voz de Deus,
"já tá arregando do transe, do trance, da transa?

Josias viu que para festa não tinha mais a manha,
O cansaço que sentia era o mesmo daquele pessoa
chez le Portuguez, cujo tédio tejano as entranhas
lhe comiam, e o som era muito alto, as palavras
de Deus quase nem ouvia, mas saber tanto queria,

– Ó mercúrico Barman cuja vidência tudo ilumina,
se és mesmo Tu que tudo sabes, por favor me diga,
é para Ti divina a comunhão dessa massa libertina, ou
seria aqui que toda a História finalmente termina?

Esta obra foi impressa em São Paulo no verão de 2013 pela gráfica Vida e Consciência. No texto foi utilizada a fonte Nofret, em corpo 11 e entrelinha de 16 pontos.